AF188509

Tucholsky Wagner Zola Scott Sydow Freud Schlegel
Turgenev Wallace Fonatne
Twain Walther von der Vogelweide Fouqué Friedrich II. von Preußen
Weber Freiligrath Frey
Fechner Fichte Weiße Rose von Fallersleben Kant Ernst Richthofen Frommel
Fehrs Engels Fielding Eichendorff Tacitus Dumas
Faber Flaubert Hölderlin
Feuerbach Maximilian I. von Habsburg Fock Eliasberg Zweig Ebner Eschenbach
Ewald Eliot Vergil
Goethe Elisabeth von Österreich London
Mendelssohn Balzac Shakespeare Dostojewski Ganghofer
Lichtenberg Rathenau Doyle Gjellerup
Trackl Stevenson Hambruch
Mommsen Tolstoi Lenz Hanrieder Droste-Hülshoff
Thoma von Arnim Hägele Humboldt
Dach Verne Hauff
Karrillon Reuter Rousseau Hagen Hauptmann Gautier
Garschin Defoe Hebbel Baudelaire
Damaschke Descartes Hegel Kussmaul Herder
Wolfram von Eschenbach Dickens Schopenhauer Rilke George
Bronner Darwin Molville Crimm Jerome
Campe Horváth Aristoteles Bebel Proust
Bismarck Vigny Barlach Voltaire Federer Herodot
Gengenbach Heine
Storm Casanova Tersteegen Gilm Grillparzer Georgy
Chamberlain Lessing Langbein Gryphius
Brentano Lafontaine
Strachwitz Claudius Schiller Schilling Kralik Iffland Sokrates
Katharina II. von Rußland Bellamy Gibbon Tschechow
Gerstäcker Raabe
Löns Hesse Hoffmann Gogol Wilde Vulpius
Luther Heym Hofmannsthal Klee Hölty Morgenstern Gleim
Roth Heyse Klopstock Kleist Goedicke
Luxemburg Puschkin Homer Mörike Musil
La Roche Horaz
Machiavelli Kierkegaard Kraft Kraus
Navarra Aurel Musset
Nestroy Marie de France Lamprecht Kind Kirchhoff Hugo Moltke
Laotse Ipsen Liebknecht
Nietzsche Nansen Ringelnatz
Marx Lassalle Gorki Klett Leibniz
von Ossietzky May vom Stein Lawrence Irving
Petalozzi Platon Knigge
Sachs Poe Pückler Michelangelo Kock Kafka
Liebermann
de Sade Praetorius Mistral Zetkin Korolenko

Der Verlag tredition aus Hamburg veröffentlicht in der Reihe **TREDITION CLASSICS** Werke aus mehr als zwei Jahrtausenden. Diese waren zu einem Großteil vergriffen oder nur noch antiquarisch erhältlich.

Symbolfigur für **TREDITION CLASSICS** ist Johannes Gutenberg (1400 — 1468), der Erfinder des Buchdrucks mit Metalllettern und der Druckerpresse.

Mit der Buchreihe **TREDITION CLASSICS** verfolgt tredition das Ziel, tausende Klassiker der Weltliteratur verschiedener Sprachen wieder als gedruckte Bücher aufzulegen – und das weltweit!

Die Buchreihe dient zur Bewahrung der Literatur und Förderung der Kultur. Sie trägt so dazu bei, dass viele tausend Werke nicht in Vergessenheit geraten.

Liederliches und Lyrisches

Fred Endrikat

Impressum

Autor: Fred Endrikat
Umschlagkonzept: toepferschumann, Berlin

Verlag: tredition GmbH, Hamburg
ISBN: 978-3-8495-2985-7
Printed in Germany

Text der Originalausgabe

Fred Endrikat

Liederliches und Lyrisches

Verse vom vergnüglichen Leben

Buchwarte-Verlag
Berlin

[1940]

Beherrscht man erst des Lebens große Sinfonie
und steht als anerkannter Virtuos und Meister da,
sucht man nach irgendeiner kleinen Melodie
und stümpert sie auf einer Kindermundharmonika.

Hymne an die Lebensfreude

Ihr Freunde, hebet die Pokale.
Das Gläserklirren hör' ich gern.
Stoßt an mit einer rauhen Schale
und sucht in ihr des Pudels Kern.

Bei uns wird nicht gesplitterrichtet.
Probleme sind unwesentlich.
Hier wird gesungen und gedichtet.
Wem es nicht paßt, der trolle sich.

Nur keine überspitzten Faxen.
Wir reden von der Leber weg,
so wie der Schnabel uns gewachsen,
und meiden den verschmockten Dreck.

Gewiß, es ist zu allen Zeiten
so grundverschieden der Geschmack.
Der eine lauscht dem Klang der Saiten,
der andre liebt den Dudelsack.

Wir freuen uns an allen Tönen,
wenn sie nur klingen klar und rein.
Erbauen uns an all dem Schönen,
selbst wenn es noch so winzig klein.

Der Spatz tschilpt auf dem Mist sein Liedchen,
doch es ist echte Melodie.
Im Gras ein Gänseblumenblütchen
bringt schönste Frühlingspoesie.

So ist's im großen wie im kleinen:
Die Liebe adelt Mensch und Ding.
Nur große Nullen, die verneinen
und schätzen Gott und Welt gering.

So leben wir in jungen Jahren,
daß wir es später nicht bereun,

und können uns mit weißen Haaren
an einem Märchenbuch erfreun.

Es gibt im Leben soviel Sachen,
die dünken mich skurril, bizarr.
Wenn nur die Narren dürfen lachen,
dann bin ich wohl der größte Narr.

Du herrlich schönes Weltgebäude,
dir widmen wir zum Dank den Toast
für jedes Stücklein Lebensfreude.
In diesem Sinne, Freunde, Prost!

Der Philosoph ohne Regenschirm

Es ist nicht alles schön auf dieser wunderschönen Welt,
Novemberstürme gibt es auch im Monat Mai.
Beschimpfe nicht den Regen, der auf dich herniederfällt,
bedenk: Der meiste Regen fällt an dir vorbei.

Regeln mit Ausnahmen

Nicht jeder ist ein Dichter, der Gedichte macht,
nicht jeder ist ein Narr, den man belacht.
Nicht jeder ist ein Streber, der sich irrt,
nicht jeder, der sonst gar nichts wird, wird Wirt.
Nicht alles ist Gewissen, was uns mahnt,
nicht jeder ist ein Lohengrin, dem etwas schwant.
Nicht jeder Armleuchter ist auch ein großes Licht,
nicht alles, was zwei Wangen hat, ist ein Gesicht.

Ferien

Es ist so schön, in freier Zeit zu wühlen –
an den Minuten wie am Süßholz kauen –
mit den Gedanken Tennis oder Fußball spielen –
aus den Ideen ein Kartenhäuslein zu erbauen –
auf einer Wolke über Berg und Tal zu reiten –
der Wind als treuer Köter hinterdrein –
auf einem Glockenton in weite Fernen gleiten –
und in der Einsamkeit nicht einsam und allein zu sein.

Regenwetter

Da sitzt man nun und wartet auf die Sonne.
Der Himmel baumelt wie ein nasser Sack hernieder.
Aus Wolkenfetzen blickt ein Schimmer hin und wieder
in meine Kammer wie in eine Regentonne.

Man wartet schon am Abend auf den nächsten Morgen.
Der kommt mit Wasserstiefeln und mit einer Nebelmütze,
klopft an das Fenster und schiebt durch die Ritze
schon wieder ein Paket mit neuen Sorgen.

Man wartet still von einem Jahr zum andern,
es schmerzt die Brust, die Seele wird zermürbt.
Die Jahre und die Ideale wandern,
bis daß der letzte Hoffnungsschimmer stirbt.

Da hockt man nun in seiner Regentonne
und findet niemals die ersehnte Ruh.
Man sitzt und wartet, wartet auf die Sonne –
und wenn sie da ist, zieht man die Gardinen zu.

Einfache Erkenntnis

Wenn du dir da draußen die Natur besiehst,
findest du: das dümmste Rindvieh hat sein Hörnchen.
Auch der kleinste Igel ist kein Pazifist,
und die allerschönste Rose hat ihr Dörnchen.

Ja sogar der allerultrafrömmste Christ
hat den Herrgott, der mit Schwert und Feuer richtet.
Ach, das Märchen von dem guten Pazifist
hat ein alter, hinterlistger Fuchs erdichtet.

In der Welt regiert die Tat – nicht das Geschwätz,
das beweisen uns die Zeiten in den Ländern.
Kämpfen war und bleibt stets das Naturgesetz,
und kein Mensch wird daran jemals etwas ändern.

Du wirst finden, ob du Heide oder Christ,
und du kannst bis an das End' der Erde wandern:
Hüte dich, daß dich kein andrer frißt.
Wenn du wehrlos bist – dann fressen dich die andern.

Einem Menschenverbesserer ins Stammbuch

Für andre Narren hast du keinerlei Verständnis,
denn ihre Schrullen bringen dich so leicht in Wut.
Betrachte dich im blanken Spiegel der Erkenntnis,
dann siehst du deinen eignen bunten Narrenhut.
Bis siebzig Jahre hast du an dir selbst zu feilen.
Glaubst du, dann fehlerfrei zu sein, mein Freund? Du irrst.
Willst du vollkommen werden, mußt du dich beeilen,
selbst wenn du älter noch als hundert Jahre wirst.

Schnapsgebete

Schnaps, du edler Götterfunke,
Schlingel aus Elysium,
nieder mit dir, du Halunke.
Runter in dein Tusculum.

*

Rinne bauchwärts, Sonnenstrahl.
Feuchte meine dürre Kehle.
Kommst du unten an im Tal,
jauchzt gen Himmel meine Seele.
Meine Niere pocht Alarm,
und sie lechzt nach deinem Kuß.
Du machst Eisgefilde warm,
heiliger Schnapsissimus.

*

Wenn sich mein Affe und mein Kater guten Morgen sagen –
der eine grinst, der andre faucht und spuckt –
dann habe ich ein solch Gefühl im Magen,
als hätt' ich eines Landbriefträgers Fuß verschluckt.

*

In meinem vor'gen Dasein war ich eine Tümpelkröte,
die sich beschaulich sonnt auf einer grünen Au.
Vielleicht auch nur das Loch in eines Schweinehirten Flöte.
Wer weiß? Vielleicht ein kleines Veilchen, himmelblau.

Meinem Jungen zum ersten Geburtstag

Den ersten Frühling hast Du nun gesehn,
die ersten Blümchen und den ersten Schnee.
Du lerntest auf den kleinen Füßchen gehn und stehn,
erlebtest Deine ersten Freuden und das erste Weh.

Als Du die kleinen Händchen Dir am Ofen hast verbrannt,
da rollten dicke Tränen über Dein Gesicht.
Die Mutter hatte Dich gewarnt und oft ermahnt,
nun zahltest Du das erste Lehrgeld Deines Lebens, kleiner
Wicht.

Noch bist Du rein und ohne Argwohn, kleiner Mann,
und gute Hände schützen Dich vor jedem Leid.
Wenn Du dereinst allein bist, denke stets daran:
Wo Schmetterlinge fliegen, sind die Wespen auch nicht weit.

Nun strampelst Du mit Deinen kleinen Beinchen in das
zweite Jahr,
steh immer fest darauf – auch wenn wir nicht mehr sind.
Laß Deine Augen immer leuchten froh und sonnenklar
und glaube an das ewig Gute – Du, mein Kind.

.

Stadtflucht

Manchmal schau' ich aufwärts zu den Dächern ringsumher,
denn die grauen Häusermauern drohn mich zu erdrücken.
Auf den Straßen liegt die trübe Last so bleiern schwer.
und ich trage sie wie eine Last auf meinem Rücken.

Einmal möchte ich von einem grünen Bergeshang
wieder einen Blick ins blaue, weite All genießen.
Möchte still bewundern einen Sonnenuntergang,
wie wenn Himmel, See und Erde ineinanderfließen.

Möchte wieder einen Baum mit reifen Äpfeln sehn,
wie wir sie als Kinder heimlich, oft und gern gestohlen.
Möcht' auf einem Bauernhof vor einem Kuhstall stehn
und ganz tief, aus allertiefsten Tiefen Atem holen.

Einmal möcht' ich wieder über weite Felder gehn
und die weiche Schnauze streicheln einem Ackerpferde.
Möchte Enten schnattern hören und die Hähne krähn.
Meine asphaltmüden Füße sehnen sich nach Erde.

Wenn's liebe Sönnchen scheint

Wenn's liebe Sönnchen scheint, weht meist ein milder Ostwind,
dann ist man gut gelaunt, das Herz vor Freude hupft.
Doch bläst des Abends spät ein rauher Frühlingsfrostwind,
ist man sehr leicht verstimmt, verärgert und verschnupft.
Am allerbesten ist, daß man nicht grollt und weint,
auch wenn mal nicht das liebe Sönnchen scheint.

Wenn's liebe Sönnchen scheint, dann kommen Mück' und Flie-
gen.
In großen Schwärmen sieht man sie zum Lichte ziehn.
Doch wenn der Sturmwind fegt, daß sich die Bäume biegen,
verschwinden alle in der Dunkelheit und fliehn.
In ihrem Unterschlupf, da sitzen sie vereint
und warten, bis das liebe Sönnchen scheint.

Wenn's liebe Sönnchen scheint, dann gibt es frohe Feste,
dann sind sie alle da, dann geht es ein und aus.
Doch ist die Tafel leer, verschwinden bald die Gäste.
Den Rest trinkt man allein, und es wird still im Haus.
Beim leeren Glase erst kennt man den wahren Freund,
nicht aber, wenn das liebe Sönnchen scheint.

November-Elegie

Der Regen tropft in meines Daches Rinne,
tripp-tropp, tripp-tropp.
In beide Hände stütze ich den Kopp.
Im Nebel liegen Feld und Wald und meine Sinne.
Der Wind bläst eine graue Melodie.
Melancholie. –
Des Sommers letzter Gruß
ist eine Fliege, die auf meiner Nase tanzt.
Hebt mühsam Fuß um Fuß. –
Ich schau' dem Tanze zu, und mich beschleicht ein Kummer.
Im Lenze sah ich sie als schlankes Fliegenjüngferlein,
doch jetzt ist sie ein dicker Brummer. –
Es heult der Wind, der Regen tropft.
Mein armes Herz voll Wehmut klopft.
In meiner Nase rotem Glanz
vollführt sie ihren Totentanz.
Zum letztenmal das Bein sie schwingt,
und tot sie von der Nase sinkt!
Vor mir ein Fliegenauge brach.
Ein großer Tropfen rollt ihr nach
Die Uhr tickt in mein Herzeleid
Vergänglichkeit. –

Einem Pessimistviech ins Stammbuch

Das Unken geziemt den Ästheten,
das Kritteln ist ihr Privileg.
Ich halte es mit den Poeten
und gehe gradaus meinen Weg.
Es läßt sich so leicht überwintern,
bewahr dir ein kindliches Herz.
Aus einem verzweifelten Hintern
kommt niemals ein fröhlicher Ferz.

Der textilisierte Frühling

Die Erde prangt in buntgewirktem Kleide,
gleich einem Teppich liegt der Wiesenhang.
Ein Lüftchen weht, so weich wie Samt und Seide,
der Nordwind webt etwas Kattun mit mang.
Der Frühling schenkt der Welt die schönsten Sachen,
es wächst der Stoff, wohin der Frühling haucht.
Ja, ja, der gute Frühling, der kann lachen,
dieweil er keine Kleiderkarte braucht.

Es wird ein neues Haus gebaut

Es wird ein neues Haus gebaut,
das Fundament ist schon gelegt.
Hier wird nicht müßig zugeschaut.
Hut ab vor dem, der Steine haut,
der Balken schleppt und Ziegel trägt.

Es wird ein neues Haus gebaut,
darin ist Platz für jedermann,
dem nicht vor schwerer Arbeit graut.
Wer aber nur auf Gott vertraut,
der steht als Zaungast nebenan.

Es wird ein neues Haus gebaut,
das sturmfest ist auf jeden Fall.
Auf weitem Felde wächst das Kraut.
Im Speicher wird das Korn verstaut.
Die Schweine kommen in den Stall.

Ein altes Lied

Es liegt ein Stern in der Gossen,
dran hanget ein Stückelein Herz.
Es kam über Abend ein Regen,
zog beides hinab erdenwärts.
Nun sind seine Strahlen erloschen,
im Dunkel der Nacht steh' ich hier.
Es liegt ein Stern in der Gossen,
das Herze daran ist von mir,
das Herze daran ist von mir.

Giebelspruch

O lieber Gott, mein Haus beschütz
vor Dieben, Wanzen, Sturm und Blitz.
Oh, halte fern vom Leibe mir
den Doktor und Gerichtsvollzieh'r.

Einem Neunmalklugen ins Stammbuch

Es liebt die Mängel aufzudecken
der überkluge Erdenwicht.
Er sucht selbst in der Sonne Flecken
und übersieht ihr strahlend Licht.

Kumpelsburg in Leoni

Ich bin in den Ländern umhervagabundiert,
habe geliebt und gedarbt und Kohldampf geschoben.
Meine Verse schrieb ich nieder ganz unfrisiert
und schielte dabei nicht nach unten, noch nach oben.

Wie der Spatz auf dem Dache, so pfeif' ich mein Lied,
es klingt nicht immer für überempfindsame Ohren.
Um die Jedermannsgunst hab' ich mich nie bemüht.
Das Leben ist rauh, es macht hart und unverfroren.

Ich liebe die Sonne und den See, sturmumbraust.
In den Märchen der Wälder, da wohnt meine Seele.
Mein Traum und mein Ziel war, hier mit eigener Faust
zu schaffen mein niedriges Dach und die vier Pfähle.

Es gingen die Jahre ihren holprigen Gang,
oft drüber und drunter und meist ging es daneben.
Nur nicht weich werden, wenn auch der Weg noch so lang.
Es kommt alles, was man will und sich wünscht im Leben.

Dort steht jetzt meine Hütte, bescheiden und klein,
umkränzt von einem Zaun aus Liedern und Gedichten.
Kein König kann stolzer auf seine Wälder sein
als ich auf meinen Birnbaum und die siebzehn Fichten.

Der ewige Wald

Der Herrgott wohnt dort droben in den Bäumen,
wo durch das Grün der hohe Himmel blaut.
Sein Odem weht in diesen heilgen Räumen,
im schönsten Dom, den die Natur erbaut.

Am Morgen rauscht es leise in den Zweigen,
der Wald erwacht mit einem Lobgesang.
Am Abend klingt's, wenn sich die Wipfel neigen,
wie ferner Orgelton und Harfenklang.

Wenn deine Füße und dein Geist ermüden,
dann flieh die Welt für eine kurze Zeit.
Im Walde findest du den wahren Frieden,
hier liegt ein kleines Stück der Ewigkeit.

Im Walde kannst du beten oder träumen.
Wie schön und nah sind Sonne, Mond und Stern.
Der Herrgott wohnt dort droben in den Bäumen.
Die Vöglein preisen unsern Gott und Herrn.

Prost, Harry!

Es ist schon wieder morgens gegen vier.
Ein dichter Tabaksnebel füllt den Raum.
Ich glotze nach der Tür, und wie im Traum
schwankst du, von irgendwo, herein zu mir.
Hier wären wir so wunderbar allein,
doch es ist Schluß im Bau, du kommst zu spät.
Die Gäste fort, die Hähne abgedreht.
Verdammtes Pech, es hat nicht sollen sein.
Du schüttelst mir zum Abschiedsgruß die Hand.
Den letzten Schluck im Glase teile ich mit dir,
dann stolperst du hinaus zur Tür.
Zeng! Peng! Das Glas fliegt an die Wand!
Prost, Harry!

Holzhacker wird sentimental

Ich hab' meinen Hauklotz geschlachtet.
Er war, weiß Gott, nicht mehr neu.
Ich hab' ihn voll Wehmut betrachtet,
er diente mir tapfer und treu.
Ich habe manch knorrige Eiche
auf seinem Schädel zerschellt.
Es krachten die wuchtigen Streiche.
Mein Hauklotz blieb stark wie ein Held.
Es sausten die Splitter der Buchen
beim Hacken mir wild um den Kopp.
Da half weder schimpfen noch fluchen,
mein Hauklotz sprach mutig: »Hau drop!«
Er, den ich geliebt und geachtet,
das Schicksal zerkleinerte ihn.
Ich hab' meinen Hauklotz geschlachtet,
nun schmort er im trauten Kamin.
Zum Schornstein hinaus in die Ferne
entschwebt er, so leicht wie ein Hauch.
Fahr wohl und grüß mir die Sterne.
Mein Hauklotz – ein Wölklein von Rauch.

Sandalenbrief

Lieber Freund, besinnst Du Dich? Wir saßen beide
beim Glas Bowle in der Laube von Jasmin,
dabei gröhlten wir das Liedchen von der Heide,
wo die allerallerletzten Rosen blühn.
Heute fühlte ich mein Herz vor Freude strahlen,
auf der Straße sah ich eine hübsche Maid,
lustig klippten-klappten ihre Holzsandalen
wie dereinst in unsrer Jugendzeit.
Weißt Du noch, wenn abends spät die Sterne blitzten,
und wir saßen mit den Mädchen dort im Hain,
wenn wir unsre Namen in die Holzsandalen schnitzten,
so mit Herzen drum – und drunter »Ewig Dein«?
Wir gelobten Treue uns zum Weh und Wohle,
heil'ge Schwüre klangen in den Frühlingswind,
und wir waren ganz ein Herz und eine Sohle,
bis wir dann auf Tischlers Rappen heimgeklappert sind.
Um mir all die schönen Bilder wieder auszumalen,
singe ich mein Lied so froh und frei:
Auf der Straße klappern wieder Holzsandalen
wie dereinst im schönen Monat Mai.
Gestern nacht, da sind sie mir im Traum erschienen,
und vor lauter Freude schoß ich bald Kobolz.
Seid gegrüßt, ihr lieben Holzpantinen,
seid gegrüßt mit dreifach donnerndem »Gut Holz«!

Einem Boxer ins Stammbuch

Du brauchst dich deiner Hiebe nicht zu schämen,
denn Geben ist bekanntlich seliger als Nehmen.

Was du nicht willst, das man dir tu,
das füg auch keinem andern zu.

Pariere klug und ziele gut
und laß die Rechte niemals wissen, was die Linke tut.

Bedenke stets bei jedem Start:
Landgraf, bleibe hart.

Es hilft dir nichts . . . .

Es hilft dir nichts, die Hände müßig in den Schoß zu legen
und Gottes Mühlen langsam, aber sicher mahlen lassen.
Man muß den Schicksalsrädern hin und wieder in die Spei-
chen fassen.
Selbst dann, wenn du der allerfrömmste Christ,
erbitte – doch verlaß dich nicht allein auf Gottes Segen.
Dein Acker braucht den Sonnenschein und ebenso den Regen
wie deinen Mist.

Es hilft dir nichts, der Welt verzweifelt Klagelieder wimmern,
genau so wenig, an das, was das Schicksal schenkt, zu glau-
ben.
Die schöne Zeit ist um mit den gebratnen Himmelstauben.
Die Heinzelmännchen sind längst abgetan.
Verlaß dich nicht darauf, daß sich die andern um dich küm-
mern.
Du bist bestimmt, dein eignes Glück und auch dein Bett zu
zimmern.
Selbst ist der Mann.

Es hilft dir nur, stets unerschrocken an das Werk zu gehen,
nur so allein bemeistert man die Menschen und die Dinge.
Die ewig kleinen Zweifler und die großen Schüchterlinge
marschieren nebenbei und hintenan.
Du mußt dem Schicksal offen, frohgemut ins Auge sehen,
möglichst auf deinen eignen, immerhin, auf Beinen stehen,
dann geht's voran.

Asphalt, leb wohl

Es ist so schön, das Köfferlein zu packen
und dem Asphalt zu sagen lebewohl.
Für ein paar Tage sich nicht abzuplacken,
fort aus dem grauen Dunstkreis des Benzol.
Auf, in die Berge oder in das Grüne.
Hinein ins Meer und in den Sand der Düne.
Nur fort nach irgendeinem Ruhepol.
Ich mache Ferien. Asphalt, leb wohl.

Ich hör' im Geist der Herde Glocken läuten,
statt Straßenbahn und Telefon.
Ich pfeife auf die Kunst der Pharmazeuten
und schlürfe Luft und Fichtenwaldozon.
Mein Glück ist wahrlich kaum noch zu beschreiben,
einmal acht Tage unrasiert zu bleiben.
Gewaltig keimt aus meinem Kinn der Sauerkohl.
Ich mache Ferien. Asphalt, leb wohl.

Ich freu' mich auf das Taschentücherschwenken.
Bald geht der Zug, ich kann ins Freie sehn.
Mag nicht ans Kofferwiederpacken denken
und laß' die Uhr für ein paar Tage stehn.
Nun bin ich frei, weg mit dem Schlips und Kragen.
Ich möchte ein paar Purzelbäume schlagen
und singe so vergnügt wie der Pirol:
Ich mache Ferien. Asphalt, leb wohl.

Komplikationen

Der Schaum kann beim besten Willen nicht maulen,
hingegen ein Maul (es gibt Fälle) oft schäumt.
Ein Baum kann beim besten Willen nicht gaulen,
hingegen ein Gaul (es gibt Fälle) sich bäumt.
Man kann auch im Bette liegen und träumen.
daß man im Bette liegt und träumt.

Fragment

Ein Wirbelwind schlich in mein Kämmerlein
und steckte einen Schnupfen in mein Nasenloch.
Liebkoste meinen Leib, strich sanft mein linkes Bein,
worauf er dann zu meiner Dackelhündin in die Hütte
kroch.
Was dort geschah – genau weiß ich es nicht.
Die beiden spielten dort bis in den Tag hinein.
Nach ein'ger Zeit erblickt das Weltenlicht
ein Dackelwirbelwindspielbaby – zirka rasserein.

Landsknechts Gedenkfeier

Brüder, erhebt euch von euren Plätzen.
Zeiget, daß euch noch die Beine tragen.
Wer es jetzt waget, ein Wörtlein zu schwätzen,
dem soll man eins vor die Binde schlagen.
Brüder, es gilt eine nächtliche Feier
für einen Freund, der zu früh leider fiel.
Für einen Freund, der uns heilig und teuer.
Prost, Kameraden, die Nacht wird kühl.

Laßt uns gedenken der fröhlichen Nächte,
nach ernsten Tagen im Kreis lustger Brüder.
Echt war der Kerl, wenn er liebte und zechte.
Echt war sein Herz und voll lachender Lieder.
Er war für uns das blühende Leben,
bis ihm der Tod jetzt gesteckt dieses Ziel.
Laßt ihm zu Ehren die Humpen sich heben.
Trinkt, Kameraden, die Nacht wird kühl.

Nun ruhst du draußen im grünen Haine.
Über den Hügel die Stürme weh'n.
Bald grünt das Moos an dem schlichten Steine.
Bruder, dich werden wir nie mehr seh'n.
Landsknechte haben schwielige Seelen.
Landsknechte kennen kein zartes Gefühl.
Jetzt würgen Tränen in unseren Kehlen.
Sauft, Kameraden, die Nacht ist kühl,

Brief aus der Sommerfrische

Heute morgen war der Himmel wolkengrau bezogen.
Nach dem Regen aber kam ein sonnig schöner Tag,
und ein Stückchen von dem wunderbaren Regenbogen
lege ich Dir mit hinein in diesen Briefumschlag.
Auch dies kleine Blümchen hier, ganz einfach und bescheiden,
sendet Dir die besten Grüße über Tal und Höh'n.
Seine Schwestern blühn am See dort bei den alten Weiden.
Wie die Blümchen heißen, weiß ich nicht, doch sie sind schön.

Wenn Du hören könntest, wie die Vögel jubilieren –
und Du hockst dort in der Stadt im dunstigen Büro,
mußt auf Straßenpflaster abends müde heimmarschieren.
Der Gedanke stimmt mich dann ein wenig gar nicht froh.
Aber was ich hier erlebte in den schönen Tagen,
steht Dir alles noch in allernächster Zeit bevor.
Was vorüber ist, das soll man nimmermehr beklagen.
Wenn die Sonne scheint, dann weint und jammert nur der Tor.

Nur acht Tage, noch acht schöne Tage, und dahinter
winken ferne schon die Ferien im nächsten Jahr.
Eine einz'ge Krähe macht noch lange keinen Winter,
und ein graues Härchen macht noch keinen Jubilar.
Und so will ich denn für heute meinen Brief beschließen,
leider wurde daraus wieder einmal ein Gedicht.
Alle Bäume lassen Dich aus tiefster Wurzel grüßen.
Grüße Du dort alle Menschen – nur die Spießer nicht.

Einem Pazifisten ins Stammbuch

Die Dummheit ist der Menschheit größter Feind hienieden,
sie schürt den Haß und Streit auf diesem Erdenballe.
Deshalb bekommen wir auch keinen Dauerfrieden.
Ein Weiser sagt: Die Dummen werden niemals alle.

Ein Stückchen Sonntag

Hat man bei der Arbeit eine Pause eingeschaltet,
halten die Gedanken eine kleine Weile Rast.
Sieht ganz nebenbei, indem man seine Hände faltet,
durch das Fenster einen Vogel drüben auf dem Ast.

Wie durch dichten Nebel hört man die Fabriksirene.
Sie erinnert an das Meer, an eine ferne Zeit.
Man durchträumt aus vielen Jahren das erlebte Schöne
in den wenigen Minuten der Beschaulichkeit.

Auf dem Hofe spielen, munter lachend, kleine Mädchen.
Durch das Fenster blinkt ein heller, zukunftsreicher Schein.
In der Pause webt, gleich einem zarten Silberfädchen,
sich ein Stückchen Sonntag in den grauen Alltag ein.

Sommerlied

Der Morgenwind weht mir ein schönes Lied entgegen,
ein Sommerlied, so farbenfroh und wunderbar.
Es klingt wie Harfenspiel, wenn sich die schlanken Halme
regen.
Wenn sich die goldnen Ähren sanft im Wind bewegen,
ist es, als streichle eine zarte Frauenhand mein Haar.

Der Vogel streift den Morgentau von dem Gefieder.
Ein Duft von Heu und Gräsern weht herauf vom Wieseng-
rund.
Beim Kornfeld setz' ich mich am Rand des Weges nieder.
Der rote Mohn erfreut mich immer wieder
gleich einem vollerblühten, süßen Frauenmund.

In blauer Ferne höre ich ein Volkslied klingen,
so wie es Bauernmädchen singen, die zur Arbeit gehn.
Und die Gedanken flattern mit den Schmetterlingen.
sie bringen Grüße dir auf bunten Schwingen
von mir und einem Sommermorgen wunderschön.

Man fühlt den Odem der Natur vorüberwehen,
trinkt die Musik und ihre Farbenmelodie.
Man lernt die Nichtigkeit des Menschen ganz verstehen,
die Hände faltend, dankbar zu den Wolken sehen,
vor der unendlich, herrlich großen Sinfonie.

Stille Kameraden

Sie stehen still, die Häupter stolz erhoben.
Aus einem Kern entkeimten sie der Erde Schoß.
Sie wuchsen langsam, wurden mächtig, stark und groß
und strebten stets zum Licht empor, nach oben.
Sie überlebten Menschen und die Zeiten.
Berichten stumm aus den Vergangenheiten,
erzählen Märchen uns auf Waldes Pfaden,
die Bäume, diese stillen Kameraden.

In ihnen lebt ein ganz geheimes Schweigen,
und wer die Bäume liebt, der wird es wohl verstehn.
Man hört die Zwerge kichern, flüstern mit den Feen
und den Gesang der Englein in den Zweigen.
Die Bäume sind verwurzelt mit den Tagen
der Väter und der Heldensagen.
Die allerschönsten Lieder und Balladen
erdichten uns die stillen Kameraden.

Es ist ein Wunder, Bäume anzusehen
in ihrer Größe, Stärke und Beständigkeit.
Die rauhen Stämme stehen fest zu jeder Zeit,
wenn auch die Äste krachen und die Stürme wehen.
Sie streben zu der Sonne, zu den Sternen.
Wir kleinen Menschenkinder sollten lernen,
des Lebens Bürde stolz auf uns zu laden
wie diese starken, stillen Kameraden.

Sägespäne

Wenn man als Kind vor einem Spielzeugladen stand
und sah im Schaufenster die herrlich bunte Pracht,
wie hat vor Sehnsucht da das kleine Herz gebrannt!
Das Kinderauge hat geleuchtet und gelacht.
Ja, das möchte ich so gerne haben,
und auch das da ist so wunderschön.
Das Püppchen und den blonden Knaben,
den Teddybär mit aufzudrehn,
und das und das und noch viel mehr.
Wenn man's dann hat – ja, was ist dann nachher?
Erst freut man sich beinahe bis zu Tränen.
Und was ist dann?
Dann polkt man dran –
und steht vor lauter, lauter Sägespänen.
So ist nun mal das kindliche Gemüt,
es braucht ein bißchen Hoffen und ein bißchen Sehnen.
Wenn man das Spielzeug durch ein Schaufenster besieht,
dann merkt man nichts von all den Sägespänen.

So lang man klein ist, sind die Wünsche auch ganz klein.
Dann wird man größer und will immer mehr und mehr.
Man möcht' gern irgend etwas von Bedeutung sein,
vergessen sind die Puppen und der Teddybär.
Man möcht' gern etwas groß erleben,
man möcht' gern etwas Tolles sehn,
man möcht' den höchsten Ruhm erstreben,
umjubelt vor der Menge stehn,
und Geld und Rang und noch viel mehr.
Wenn man's dann hat – ja, was ist dann nachher?
Erst freut man sich, erreicht ist all das Schöne.
Und was ist dann?
Man schaut es an –
erfüllte Wünsche sind meist Sägespäne.
So ist und bleibt nun mal das alte Lied,
der Mensch braucht Hoffnung und ein kleines bißchen
Sehnen.

Wenn man das Leben durch das Schaufenster besieht,
freut man sich an den bunten Sügespänen.

Einem Ärgerling ins Stammbuch

Bedenk, die Menschen sind oft roh
und manchmal leider schadenfroh.
Du ärgerst dir die Galle raus
und wirst zum Schadenfreudenhaus.

Vater an den Sohn

Du siehst dort das Häuslein am waldigen Rand,
von Hecken umzäunt, still und klein.
Es war einst verfallen, das Dach war verbrannt.
Wir bauten es auf – Stein um Stein.

Du siehst dort die Felder. Sie wuchsen empor
aus dem Nichts und vergrößerten sich.
Sie waren einst Brachland und sumpfiges Moor.
Wir gruben sie um – Stich um Stich.

Du siehst dort die Straße, die wuchtig, gerad
in endlose Fernen sich zieht.
Sie war einst ein zielloser, holpriger Pfad.
Wir legten sie an – Schritt um Schritt.

Das Häuslein, die Straße, die Felder sind dein.
Wir schufen dies alles für dich.
Sie sollen Vermächtnis und Mahnung dir sein,
jeder Stein, jeder Schritt, jeder Stich.

Pfingstbrief

Vielen Dank für Euer ziemlich liebes Schreiben.
Es ist schön von Euch, Ihr ladet mich zu Pfingsten ein.
Leider geht es nicht, ich möcht' zu Hause bleiben.
Seid nicht bös' deshalb – jedoch es muß so sein.
Ich bin sonst gewiß ein großer Freund vom Reisen,
weil das Reisen nämlich furchtbar bilden soll.
Ich befürchte nur, die gute Bahn aus Eisen
ist zu Pfingsten doch zum Überlaufen voll.
An der Sperre, auf dem Bahnsteig das Gedränge –
und dann Kopf an Kopf und Bauch an Bauch im Abteil
stehn.
Oh, ich fühle meine armen Nervenstränge,
wie sie schon bei dem Gedanken flöten gehn.
Nein, ich möchte mal der wahren Ruhe frönen
und in aller Stille sammeln neue Kraft.
Möchte mich erfreuen an dem auch ganz Schönen
hier in meiner allernächsten Nachbarschaft.
Jäte meinen Blumenkasten, pflanze Wicken,
hör', wie in der Kuckucksuhr der Kuckuck schreit,
kraule meinem Wellensittich Kopf und Rücken.
Ach, ich freu' mich auf die Pfingstbeschaulichkeit.
Morgens wandle ich zu einem frühen Schoppen,
steck' ins Knopfloch mir ein Blättchen Kopfsalat,
schlürfe Pfefferminztee oder lutsch' am Proppen,
abends spiel' ich Rundfunk, Kino oder Skat.
Und so hoffe ich, Ihr werdet es begreifen,
daß ich still genieße, was der Lenz mir beut.
Warum immer in die weiten Fernen schweifen?
Hier gibt es so Vieles, was das Herz erfreut.
So beschließ' ich denn hiermit mein Schreiben.
Ich verleb' die Pfingsten frisch und frei und froh
beim gemütlichen Zuhausebleiben.
Und ich hoff' von Euch, Ihr macht es ebenso.

Morgenandacht

Es windet mir ein frischer Ost
ein bläulich Band um meine Nase.
Ein Brief kam mit der Morgenpost
und weht mir Blumen in die Vase.

Das wird fürwahr ein schöner Tag.
Mein Herz erfüllt ein frohes Ahnen
mit Wachtelfang und Finkenschlag.
Am Himmel flattern goldne Fahnen.

Die Lerche schwingt sich zum Zenit.
Der See glänzt morgendlich gerötet.
Vor einem Gänseblümchen kniet
im Gras ein Elefant – und betet.

Sonnenblume im Gemüsegarten

Hinter jenem alten Lattenzaun dort drüben,
der schon ziemlich arg verwittert ist vom Sturm der Zeit,
sonnt sich ein Gemüsegarten in Beschaulichkeit.
Neben Kraut und Unkraut wachsen friedlich Kohl und Rü-
ben.
Neben einem Kürbis reifen zarte Zuckerschötchen.
Alles, was für eine Hausfrau nütz- und dienlich ist,
ist hier kunterbunt vertreten. Knollen neben Knötchen
wachsen unter einer Sonne – und aus einem Mist.
Hinter jenem Lattenzaun dort zwischen grünen Bohnen,
hoch empor, erhaben über dem Gerank,
sieht man, wie aus purem Gold zum Himmel strahlend,
blank
eine wunderschöne, große Sonnenblume thronen.
Leuchtend wendet sie zur Sonne ihr Gesicht,
alles, was da unten kreucht, kann sie nicht stören.
Sie bestrahlt mit überreichem Glanz und Licht
tief im Schatten die Radieschen und die Möhren.
Veilchen, Petersilie, Mohn und Sellerie
sprießen alle aus der gleichen Erdenkrume.
Neben Kraut und Rüben blüht die Sonnenblume.
Selbst auf einem Düngerhaufen liegt ein Stücklein Poesie.

Alte Wege

Wenn man wieder einmal alte Wege geht,
die man einst mit einem lieben Menschen ging,
ist es, wie wenn leise Wehmut durch die Bäume weht
und ein jeder Zweig voll Tränen hing.
Wie vergoldet scheint am Weg ein jeder Stein,
stummen Blicks, wie alte Freunde, grüßt man sie.
Fremde Menschen kommen, und man neigt den Kopf
zum Schein.
Ganz von fern klingt eine längst verstummte Melodie.
Eine graue Mauer schaut mit faltigem Gesicht
nachdenklich durch dunkles Efeugrün,
und es ist, als ob sie traumversonnen spricht:
»Alte Wege soll man nie alleine ziehn.«

Es gibt ein Stück Erde . . . .

Es gibt ein Stück Erde, an dem man klebt,
und das man im Herzen stets liebbehält.
Die Scholle, auf der man die Kindheit verlebt,
vergißt man niemals im Trubel der Welt.
Man kennt jedes Steinchen und weiß jeden Laut.
Es taucht vor uns auf, so lebendig und wach,
das Haus mit dem Gärtchen, so heimisch vertraut.
Die Tauben girren noch auf dem Dach.
Die rissige Mauer mit dem wilden Wein,
berankt bis zum Giebel grün und dicht.
Die Stare nisten am Dachfensterlein.
Der Vater kommt müde heim von der Schicht.
Der Birnbaum steht verkümmert, wie er damals war.
und Sonnenblumen blühen am Gartenrand.
Es ist so, als streichle unser zerzaustes Haar
der guten Mutter segnende Hand.
Und wenn man die Welt kennt und alles gesehn,
bleibt dieses Stück Erde, an dem man klebt.
Mag sie finster und arm sein, für mich ist sie schön –
die Heimat des Bergmanns, wo ich die Kindheit verlebt.

Gruß an den Münchener Simpl

Simpl ahoi! Ich bin kein Festredner und liebe keinen Honig-
kuchen.
Ich hasse alle geschniegelten Phrasen.
Alle frisierten Fatzken sollen mir den Hobel ausblasen.
Aber vor dir steh' ich stramm, resp. ich will's versuchen.
Ich will es versuchen, eine donnernde Rede zu reden.
Prost, alter Simpl, du verwittertes Haus.
Hinter einer Hecke fand ich diesen herbstfarbigen Strauß
aus verbeulten Sonnenblumen, Astern und Reseden.
Wenn ich eine Amsel wäre, würde ich dir ein Lied tirilieren
und meine Stimme bis unter die Decke erheben,
daß die Spinnengewebe in allen Ecken erbeben
und aus den Winkeln all die guten Simplgeister aufmarschie-
ren.
Alle, die hier so manches liebe Mal
mit ungebügelter Hose ihre Verse gemeckert,
hinunterblickend ins weite Tal,
mit Rotwein und Leberknödelsuppe bekleckert.
Alle scharen sich um dich herum im Kreise.
Die Lampen glimmen wie durch einen Nebelschleier.
Die Nasen glühen wie bei einer hundertprozentigen Jungge-
sellenfeier.
Der Ofen in der Ecke weihräuchert eine Jubiläumsweise.
So wollen wir denn Arme und Beine, die Gläser und uns
selbst erheben,
mag es draußen auch stürmen und schnei'n.
Ein Stück meiner Jugend klingt in den Abend hinein,
mit einem gepumpten Abendbrot und Flaschenbier.
Laut gröhlen die Kehlen zum verstimmten Klavier:
Prost, alter Simpl, du sollst leben.

Alte Hammel – neue Wege

Es ist nicht so einfach, alte Hammel neue Wege leiten.
Immer wieder wollen sie die ausgetretnen Pfade gehen.
Immer wieder werden sie ganz ängstlich seit- und rückwärts
sehen,
eingedenk der guten, sanft entschlummerten Großhammelzei-
ten.
Oh, wie dünken sie sich ach so groß und wichtig.
Die Erfahrung ist ihr Schlagwort, plus und prä.
Stets im Dunkeln stapsend, schnuppernd und vorsichtig,
blöken sie ihr weises Mäh, mäh, mäh.

Es ist nicht so einfach, alten Hammeln neue Wege zeigen.
Viel bequemer ist es, stets den wohlbekannten Trott zu wan-
dern,
ganz gemächlich einer hinterm andern herzuschlendriandern,
nicht etwa mit kühnem Schwung an einem Berg emporzustei-
gen.
Sonntags müssen sich die Schäflein dann versammeln,
beten, daß kein böses Wölflein in der Näh'.
Lernen leisetreten von den Riesenhammeln,
lernen singen dann das traute Mäh, mäh, mäh.

Es ist nicht so einfach, alte Hammel neue Wege führen.
Aber dies ist noch kein Grund, die Hammel deshalb zu verach-
ten,
und noch weniger ein Grund, sie alle deshalb abzuschlachten.
Sie gewöhnen sich schon an das Vorwärtsgeradeausmarschie-
ren.
Und wenn nicht – dann wird es sich nicht weiter lohnen,
um sie händeringend jammern ach und weh.
Dann gibt's eins nur: Hammelfleisch mit grünen Bohnen.
Basta, Schluß mit all dem Mäh, mäh, mäh.

.

Späte Freuden

Wenn ich mir die Welt beseh',
möcht' ich wie ein Böcklein hopsen.
Gestern schmolz der letzte Schnee.
heute sprießen schon die Knopsen.

Ja, der Winter war so rauh,
eisig bliesen seine Stürme.
Heute strahlt der Himmel blau
über Dächer, über Türme.

Alles Leid ist fortgefegt
wie mit einem sanften Besen,
und das Herz so ruhig schlägt.
so, als wäre nichts gewesen.

Lieber Frühling, komm geschwind,
bleib recht lang in diesem Jahre.
Ach, ich freu' mich wie ein Kind.
wie ein Kind im grauen Haare.

Was das arme Herz erhofft,
ist nun wirklich eingetreten.
Schön sind späte Freuden oft
wenn sie sich nur nicht verspäten.

Reife

Wenn man nicht mehr weinen und nicht mehr beten kann,
dann ist das Herz nur ein Lederlappen aus lauter Sehnen.
Das Blut fängt in den Adern zu verwässern an.
Man betet ohne Worte, und man weint ohne Tränen.
Wie der Mond, der durch den einsamen Abend geht,
ohne Wärme und Leben zu spenden.
Wie ein gebeteter Fluch oder ein gefluchtes Gebet,
mit gefalteten Fäusten oder mit geballten Händen.
Wenn man all den seelischen Krempel abgetan,
wenn man dem Gewissen einen Fußtritt gegeben,
wenn man nicht mehr weinen und nicht mehr beten kann –
dann ist man reif für den Tod oder dieses Leben.

Später Sommer

Verschwunden sind vom Feld die letzten Garben.
Das Laub der Bäume schimmert rostigbraun.
Der Garten strahlt jetzt in Spätsommerfarben,
und draußen steht der Herbst schon vor dem Zaun.
Der Nebel senkt sich wie ein grauer, feuchter Hauch
auf Flur und Au und auf den Hagebuttenstrauch.
Ein letzter Gruß der bunten Georgine,
dann greife ich zur Winterpellerine.

Die Luft ist kühl, es schwingt in ihr ein Grämen,
so wie ein fernes, kaum geahntes Leid.
Es ist so wie ein stilles Abschiednehmen
von einer schönen, vielgeliebten Zeit.
Die Erde prangt in ihrem letzten Blumenflor,
bereitet sich auf herbstlich rauhe Tage vor.
Die Astern blühn so prächtig wie ein Wunder.
Im Glase blinkt und funkelt der Burgunder.

Jetzt rüsten sich die Vöglein auch zum Reisen,
versammeln sich in Scharen im Geäst.
Sie ruhen aus, sie fliegen auf und kreisen.
Es ist so wie ein Sommer-Abschiedsfest.
Bald geht mein Zug, denn heute ist der letzte Tag.
Mir ist so weh, daß ich es kaum beschreiben mag.
Verklungen sind des Sommers frohe Lieder.
Die Träne rinnt, der Asphalt hat mich wieder.

Das letzte Dorf

Die stille Straße kommt von irgendwo und schwindet.
Sie macht im letzten Dorf nur flüchtig halt,
wo eine Welt in eine andre mündet,
dann pilgert sie zum Hügel in den Wald.
Hier ist ein sanftes In- und Auseinandergleiten,
ein Finden und ein Scheiden. Es verebben sacht
der Welt Getriebe in des Waldes Einsamkeiten.
Hier sagen sich die Häslein und die Rehe gute Nacht.

Müßiggängers Abendgebet

Wieder ist ein Tag zu Ende.
Oh, wie freun sich meine Hände!
Hab' ich auch nicht viel gemacht,
hab' ich doch den Tag verbracht.

Einem Mosesdragoner ins Stammbuch

Halte den Schnabel und schweige,
wenn dir ein Unheil droht.
Lieber zwei Minuten lang feige,
als ein ganzes Leben lang tot.

Gruß an die rote Erde

Dort, wo die Leckebecke fließt,
wo auf dem Feld der Kappes sprießt,
wo man die dicken Bohnen baut,
wo man den echten Pannas kaut,
dort quillt zu Deutschlands Ruhm und Ehr'
der edle, klare Steinhä–ger.
Dort schafft mit Fleiß in Feld und Flur
der biedere westfälsche Buer.
Dort steigt der Püttmann in den Schacht,
dort werden die Briketts gemacht.
Die Frauen dort sind gut und fein,
de Käls hewt Köppe so hart wien Stäin.
Dort sagt man zart und mit Gefühl:
»Du gottverdammten Donnerkiel.«
Wie klingt so lieb und gar nicht grob:
»Eck hau di äin förn Piepenkopp.«
Wie höflich sagt man dort auf platt:
»Du Dusseltier, eck driet di wat.«
Ja, diese Sprachenmelodien,
die sind bestimmt kein Scharm aus Wien.
Sie sind geformt aus Stahl und Erz,
sie haben Blut und haben Herz.
O selig, wessen Arm umspannt
einen Schinken aus Westfalenland.

Die Bergmannskuh

Wenn ich eine Ziege seh',
muß ich an zu Hause denken.
Höre ich das traute Mäh,
kann ich mich zurückversenken
in die Zeit der bloßen Füße.
Vor mir seh' ich Hof und Feld.
Tiere bringen ihre Grüße
aus der bunten Kinderwelt.
Wenn ich eine Ziege seh',
denk' ich an zerrißne Hosen,
und zum Dank für jedes Mäh
möcht' ich ihren Bart liebkosen.
Friedlich grast die Bergmannskuh
unter Silberbirkenstämmchen.
Gab uns Milch und noch dazu
um die Osterzeit ein Lämmchen.
Die Kaninchen, Täubchen, Entchen.
Stare, Spatzen, groß und klein,
bringen mir ein lustig Ständchen,
selbst der Kater stimmt mit ein.
Lieblich klingt das weiche Mäh,
Heimatklänge mich umschmeicheln.
Wenn ich eine Ziege seh',
muß ich hingehn – und sie streicheln.

Gruß vom Münchener Odeonsplatz

Gehst Du durch den grünen Wald
oder über Almenmatten,
lieber Schatz, dann merkst Du bald:
Wo viel Licht ist, ist viel Schatten.

Stehst Du am Odeonsplatz,
fällt Dir etwas auf die Backe,
merkst Du gleich, mein lieber Schatz:
Wo viel Tauben, ist viel – – –.

Zwetschgenzeit

Es ist bestimmt auf dieser Welt,
daß, wo ein Licht scheint, Schatten fällt.
Zwei Hälften hat das Erdgewölbe,
sie sind gleich rund, doch nicht dassölbe.

Hier wohnt die Freude, dort das Leid,
wie in der lieben Zwetschgenzeit.
Man mag sich drehen, mag sich winden:
Der Bauch bleibt vorn – das andre hinten.

Es werde

Der Fink probiert sein Osterlied
und läßt die ersten Triller steigen.
Es atmet in den kahlen Zweigen,
wie wenn ein langer Schlaf entflieht.

Am Wiesenhang der Krokus blüht,
der erste zarte Frühlingsbote,
wie bunte Lichtlein, rosarote,
aus welkem Gras hervorgesprüht.

Die Pflugschar ihre Furchen zieht.
Es weht ein Duft von frischer Erde.
Gott sprach sein schönstes Wort: »Es werde.«
Das größte Wunderwerk geschieht.

Das Wundersame

Es ist das Wundersame am Naturgeschehen,
daß es beständig unser Menschenherz erfreut.
Schön ist der Sonnenaufgang, schön das Untergehen –
das ewig Alte, das sich immerdar erneut.

Wie herrlich sind des Frühlings erste, zarte Lieder,
und wie gewaltig, wenn im Herbst die Vögel südwärts
ziehn.
Man weiß es, kennt es und erlebt es immer wieder,
man wartet auf das Keimen, Blühen und Verblühn.

Es ist das Wundersame am Naturgeschehen,
daß man beständig seine Freude daran hat.
Schön ist das Werden, schön ist das Vergehen.
Schön ist die erste Knospe und das letzte welke Blatt.

Das Haus bleibt rein

Das Haus ist rein. Die Fensterscheiben glänzen.
Die Betten sind zum Lüften ausgelegt.
Die Kellerasseln und die Wanzenpestilenzen,
die Motten und Schmarotzerexistenzen
sind ausgeräuchert und barbarisch ausgefegt.

Das Haus ist rein. Selbst in dem fernsten Plätzchen
nicht eine Spinne ihre Netze spinnt.
Sitzt irgendwo versteckt im Loch ein Rätzchen,
nur Ruhe – bald frißt es das Kätzchen.
Durch alle Räume weht ein frischer Wind.

Das Haus bleibt rein von jedem fremden Wesen.
Ehrliche Gäste haben wir hier gern.
Doch an der Pforte steht ein Eisenbesen,
am Giebel steht in großer Schrift zu lesen:
Herr, halte uns das Ungeziefer fern!

Sylvesterfeier

Erst haben wir auf den siebzehnten Januar getrunken.
Die Rede war zünftig und der Grog wunderbar.
Hierauf hat der nächste mit dem Finger gewunken,
nun tranken wir auf den neunzehnten Februar.
Anschließend mußten wir uns von den Plätzen erheben,
denn wir tranken auf den zwölften März und den achten April.
Auch den Mai und den Juni ließen wir himmelhoch leben
mit feierlichen Reden und mit Gebrüll.
Vom Juli bis September wurde es immer bunter,
Jedesmal mit einer neuen Runde – das ist doch klar.
Wir tranken den Kalender einmal rauf und wieder runter.
von Sylvester auf- und abwärts bis zu Neujahr.
Hierauf vertilgten wir die Likörkarte alphabetisch,
vom Allasch bis zum Zwetschgenwasser, nach der Reih'.
Beim X gab es Grog. Wir wurden poetisch
und sangen die »Mühle im Schwarzwald« dabei.
Nun folgte das Trinken mit Heimatkunde,
von Apolda bis Zabern, bergauf und bergab.
Der Wirt rief: »Nicht kneifen, ihr Schweinehunde!«
Bei Lüdenscheid machten schon einige schlapp.
Wir hieben die Gläser mit Macht aneinander
und brachten einen Kantus, urmarkig und froh,
für die Asta Nielsen bis zur Zarah Leander
und vom Ali Baba bis zum Cicero.
Mein Nachbar, der lange Ilmendörfer,
zielte mit dem Glas nach einem Hirschgeweih,
er war nämlich Sportsmann, von Geburt Hammerwerfer.
Nun begann eine allgemeine Glaswerferei.
Heißa, da flogen die Scherben. Ich hört' jemand lallen:
»Bravo, meine Herren, das nenn' ich Niveau.«
Weg mit den Gläsern. Peng. Karthago muß fallen.
Schinkenkloppen wäre stillos und roh.
Die sonst so gütige Wirtin war leise verbittert,
dieweil ihr guter Kronleuchter total demoliert,
die Holztäfelung an den Wänden wie von Granaten zersplittert
und die Gipsbüste vom Dante auf dem Klavier ramponiert.

Die Wirtin versuchte, beschwichtigend einzuschreiten.
Wir gröhlten: »Nur einmal blüht im Jahr der Mai.«
Einige andere gingen über zu Tätlichkeiten,
dann kamen Sanitäter und die Polizei.
Im Raume wogte ein festlicher Schwaden
von Rumgrog und Punsch, Nießpulver und Blei,
von Kartoffelsalat und kalten Schweinskarbonaden,
von sauren Gurken und andrer Arznei.
Wir hörten den Nachtwächter draußen Feierabend blasen.
Die Gäste lagen umher wie verlorene russische Eier.
Im Hofe krähten schon die lieben Osterhasen.
Es war eine ausgiebige Sylvesterfeier.

Winterliches Schlummerlied

Schlaf, mein Büblein, schlafe ein.
Schaut der Mond durchs Fensterlein.
Draußen im Garten, da flimmert der Schnee.
Drüben versank schon die Sonne im See.
Friedlich in Weiß schlummern Wiesen und Hain.
Schlafe, mein Büblein, schlaf ein.

Schlaf, mein Büblein, schlafe ein.
Öfchen brennt im Kämmerlein.
Müde vom Spielen sind Schäfchen und Kuh,
und auch dein Schaukelpferd ging schon zur Ruh'.
Mag es da draußen auch frieren und schnei'n.
Schlafe, mein Büblein, schlaf ein.

Schlaf, mein Büblein, schlafe ein.
Bald wird's wieder Frühling sein.
Singen die Vöglein im Wald hinterm Haus,
winden wir Blumen zum prächtigen Strauß,
laufen dann barfuß und spielen im Frei'n.
Schlafe, mein Büblein, schlaf ein.

Schlaf, mein Büblein, schlafe ein.
In der Ferne denk' ich dein.
Träume vom Frieden und schönerer Zeit,
weißt nichts vom Krieg in der Welt und von Streit,
weil dich ein gütiger Engel bewacht.
Schlafe, mein Büblein. Gut' Nacht.

An jenen reichen Mann

Wir setzten uns an einen Straßengraben,
wir waren müde, denn der Weg war weit.
Du sagtest, daß wir deinen Grund betreten haben,
mit einem Drohefinger gabst du den Bescheid.

Wir stehen auf mit: »Ach, verzeihn Sie, bitte.«
Gleich einem Donnerschlag war das Verbot.
Zu einem andern Plätzchen lenken wir die Schritte,
wo auch die Sonne scheint, und wo kein Finger droht.

Wir merkten es am Ton und der Gebärde:
Du scheinst fürwahr ein reicher Mann zu sein.
Schiller sagt: Raum für alle hat die Erde.
Ich sage: Reiche Menschen sind höchst selten fein.

Die goldnen Berge sind ein Düngerhaufen,
du reicher Mann, das eine glaube mir:
Die Sonne läßt sich nicht mit Gold erkaufen,
denn sie gehört *mir* ebenso wie *dir*.

Brief aus dem Wartesaal

Weißt Du noch, als ich bei Dir saß?
Es war anno dazumal.
Vor Dir standen drei Eier im Glas,
im Bahnhofswartesaal.
Es war morgens gegen zwei,
mein Zug fuhr erst um vier.
Aus der Ecke klagte Kindergeschrei,
und es roch nach Tabak und Bier.
Besinnst Du Dich auf den alten Mann,
der neben uns schnarchend saß?
Aus Deinen Augen eine Träne rann,
rann rin in die Eier im Glas.
Nun sitze ich wieder im Wartesaal
und denk' an den schnarchenden Mann.
Auch an das Kindergeschrei denke ich jedesmal,
und an die Träne, die in die Eier rann.
Gleich geht mein Zug, den ich beinah vergaß.
Ich schaue betrübt vor mich hin.
Drei Eier im Glas, drei Eier im Glas,
die liegen mir im Sinn.

Einem Fußballer ins Stammbuch

Du trittst sozusagen dein Glück mit den Füßen
und zielst immer möglichst ins Leere hinein.
Mit zweiundzwanzig Beinen allein kann man keine Tore schie-
ßen,
es müssen auch elf Köpfe mit im Spiele sein.

Semper idem

Solang man jung ist, liest man Räubergeschichten.
Dann wird man älter und liest van der Velde.
Wenn man noch älter wird, liest man die Baseler Nachrichten,
und zum Schluß stellt sich heraus: Es ist doch immer dasselbe.

Der Wald schläft

Friedlich schläft der Winterwald.
Rauhreif glitzert auf den Fichten.
Märchen werden zur Gestalt,
und es leben Spukgeschichten.

Ruprecht steigt herab ins Tal.
Unter tiefverschneiten Tännchen
stapft der alte Rübezahl,
trippeln kleine Wichtelmännchen.

Brombeerstrauch und Seidelbast
schlummern an der Haselhecke.
Eichkatz träumt auf einem Ast
unter weißer Daunendecke.

Buchen ragen stark und alt
aus dem Schnee wie Patriarchen.
Friedlich schläft der Winterwald,
und man hört die Bäume schnarchen.

An Dich

Heute ist es ganz still um mich,
oh, daß niemand diesen Frieden störe.
Heute denke ich so viel an Dich,
mir ist, als ob ich Dein Herz schlagen höre.

Es läutet keine Glocke, es lacht kein Kind,
nur Du bist um mich und die Sterne.
An meiner Seite der Abendwind
erzählt mir von Dir in der Ferne.

Erzählt mir von Dir so lieb und vertraut
und streichelt am Wege die Zweige.
Kaum fühlen wir, daß der Morgen graut.
Ich lausche verträumt und schweige.

Noch immer ist es ganz still um mich,
doch fühl' ich ein leises Bangen.
Noch immer denk' ich so viel an Dich,
bald kommt der Tag mit seinen Menschen gegangen.

Abend am Wasser

Gütig streicht der Abendwind
übers Schilf, liebkost die Wellen.
Fischlein schon zu Bette sind,
friedlich schlummern die Libellen.
Schläfrig läßt der Weidenbaum
seine müden Zweige hangen.
Binsen wispern wie im Traum,
und der Mond ist aufgegangen.
Nur ein Wassernixlein froh
sitzt auf einem Wasserröslein,
sucht nach einem Wasserfloh
in dem feuchten Wasserhöslein.

Der kluge Prophet

Ein Fröschlein sitzt im Schilf und Rohr
und lugt zum Himmelszelt empor,
wie es dort mit dem Wetter steht.
Der Frosch ist, laut Beruf, Prophet.
Bei Regen oder Sonnenschein
ist es sehr leicht, zu prophezein,
doch ist das Wetter ungewiß,
traut selbst ein Frosch der Sache miß.
Auf alle Fälle sagt er sich:
Das Wetter ist »veränderlich«.
Das macht nicht klüger und nicht dümmer.
der gold'ne Mittelweg stimmt immer.

Die Krähen

Im Winter, wenn's nebelt, dann ziehen in Schwärmen
die Krähen feldeinwärts mit Krächzen und Lärmen.
Verscheucht man die Krähen, dann schrei'n sie: »Verrat!«
Sie räubern dem Landmann die herbstliche Saat,
und was sie im Trüben erspähen,
die Krähen.

Sie kommen aus Osten, sie kommen aus Westen
und lungern am Zaune versteckt in den Ästen.
Sie wittern die Beute voll Schläue und List,
sie scharren im Garten, im Dünger und Mist.
Sie ernten, was andere säen,
die Krähen.

Kommt endlich der Frühling mit Liedern und Lerchen,
der Schäfer treibt friedlich das Vieh aus den Pferchen,
dann sieht man die Krähen in Scharen entfliehn,
und niemand kann sagen, wohin sie jetzt ziehn.
Im Lenz mit dem Nebel verwehen
die Krähen.

Hühner im Regen

Die Hühner sitzen im Regen
in einer Reihe am Zaun.
Das Gackern ist ihnen vergangen.
Sie lassen die Flügel hangen.
Mit größter Besorgnis und Bangen,
wie Pessimisten schaun
die Hühner der Zukunft entgegen.

Die Enten im Hofe hingegen
sind lustig, trotz Regen und Wind.
Sie watscheln durch Tümpel und schnattern.
Im Schlamm sie die Würmer ergattern
und kennen kein Zittern und Zattern.
Die lustigen Enten sind
die Optimisten im Regen.

Schneemann weint

Die Sonne lacht. Der Schneemann weint.
Sie hat es gut mit ihm gemeint.
Nun schmilzt er bis zum letzten Rest.
Es säuselt leise aus Südwest.
Das Eis am Giebel tropft und taut.
Der Schnee am Weg ist sanft ergraut.
Bald kommt der Frühling über Nacht.
Der Schneemann weint. Die Sonne lacht.

Lebensmathematik

Wenn man liquidieren muß
und die Schlußbilanz beachtet,
wird ein Minus oft zum Plus,
je nachdem man es betrachtet.
Diese Rechnung ist ganz glatt:
Null ist nicht zu subtrahieren.
Alles, was man nicht mehr hat,
kann man auch nicht mehr verlieren.

.

Sonderbare Brüder

Ich habe ein Paar Schuh' gekauft
und sie, nach altem Brauch, getauft.
Der rechte Schuh heißt Ottokar,
der linke Schuh heißt Waldemar.
Sie sind zwei sonderbare Brüder.
Geht der eine hoch, geht der andre nieder.
Hat der eine Freude, hat der andre Zorn.
Ist der eine hinten, ist der andre vorn.
Ein sonderbares Brüderpaar,
der Ottokar und Waldemar.
Sie sind aus gleichem Material,
aber Ottokar ist rechtsradikal
und Waldemar linksradikal.
Sie stehen auf demselben Fleck,
sie gehen durch denselben Dreck,
vom gleichen Rind das gleiche Leder,
trotz alledem behauptet jeder:
Nur seine Meinung sei die echte,
sowohl der Linke – wie der Rechte.
Sowohl der Rechte wie der Linke
sagt, daß des andern Ansicht stinke.
Ein sonderbares Brüderpaar,
der Ottokar und Waldemar.
Tritt Otti mal in eine Pfütze,
dann macht der Waldi faule Witze.
Tritt Waldi in ein Modderloch,
dann freut sich Otti noch und noch.
Die beiden gehn den gleichen Trott,
doch jeder schwört auf seinen Gott.
Ein jeder schwört auf seinen Leisten.
Sie können sich halt nicht verkneisten.
Sie hassen sich, bekriegen sich,
sie reiben sich beide auf für mich.
Im Streiten sind sie rast- und ruhlos.
Ach, wär' ich erst mal diese Schuh' los.
Ein sonderbares Brüderpaar,

der Ottokar und Waldemar.
Glauben Sie daran? Ich glaube: nein.
So blöd' können nur wir Menschen sein.

Steckbrief für Intellektuelle

An ihren Phrasen sind sie zu erkennen.
Sie schlagen Schaum aus Oberflächlichkeit.
Doch wehe, wenn sie sich noch weiblich nennen,
dann wendet man sich schnell zum Gehn – und speit.

Sie sind ganz Kopf – vom Knöchel bis zum Kragen.
Ihr Horizont ist eng – der Mund sehr weit.
Sie sind stets negativ und sozusagen
der Blinddarm in dem Bauche unsrer Zeit.

Sie sind von vornherein schon allem überlegen,
so himmelhoch- und abgrundtiefgescheit.
Ihr »Nie-Dahinterkommen«, doch ihr »Stets-Dagegen«
ist das Geheimnis ihrer Überlegenheit.

Oh, wenn sie wüßten, wie sie komisch wirken!
In ihrem Dünkel spreizen sie sich groß und breit
wie stolze Eichen zwischen Krüppelbirken –
und sind Kakteen nur in Wirklichkeit.

Dem »lieben« Nachbar ins Stammbuch

Ich säe den Weizen und baue den Kohl.
Ich hüte die Schafe und fühle mich wohl
und lasse die anderen schwatzen.
Mein Karren rollt munter, es wird was getan.
Ich melde gehorsamst: Bei mir geht's voran,
Herr Nachbar, und wenn Sie zerplatzen.

Ich lieb' meine Arbeit und will meine Ruh'.
Ich jäte das Unkraut im Feld immerzu,
verscheuche die Dohlen und Spatzen.
Ich miste den Saustall in meinem Bereich.
Was *Sie* dazu sagen, das ist mir ganz gleich,
Herr Nachbar, und wenn Sie zerplatzen.

Der Winter mag kommen mit Sturm und mit Macht.
Mein Schornstein raucht friedlich trotz Nebel und
Nacht.
Ich fürchte nicht Mäuslein und Ratzen.
Ich bin auf dem Posten am Zaun jederzeit.
Mein Dreschflegel hängt in der Scheune bereit,
Herr Nachbar, und wenn Sie zerplatzen.

Der stolze Posaunenstoß

Es war mal ein Posaunenstoß,
der dünkte sich so stark und groß.
Als die Sekunde kaum verrinnt,
ist er nur ein verwehter Wind.
Posaunenstoß, Posaunenstoß,
du warst so stolz, du warst so groß.
Die Größe währt nur kurze Zeit,
der Wind weht noch in Ewigkeit.

Abendlied am trockenen Klein-Hesseloher See

Still ruht der See. Die Enten waten
im Gänsemarsch hin durch den Schlamm.
Am Ufer stehen wie Soldaten
die Weidenbäume stumm und stramm.
Die Enten waten durch den Schlamm.

Still ruht der See. Still ruht der Bagger.
Der Himmel ist schon ausgesternt.
Die Schwäne gehn zu Fuß ganz wacker.
Dieweil das Wasser ist entfernt,
ham sie das Schwimmen längst verlernt.

Still ruht der See. Still ruht's Café.
Der letzte Gast dort langweilt sich.
Er macht Grimassen wie ein Affe
und gähnt dabei ganz fürchterlich.
Der letzte Gast – und der bin ich.

Mir selbst ins Stammbuch

Manchmal bin ich stolz darauf, ein Mensch zu sein.
Manchmal schäme ich mich, daß ich einer bin.
Aus den Trauben macht der Mensch den edlen Wein,
aus dem Holz das Dynamit und Nitroglyzerin.

Jeder dünkt sich, Gottes Ebenbild zu sein,
doch die Taten sind so grundverschiedentlich.
Mag der liebe Himmel uns dereinst verzeihn,
denn er schuf den großen Goethe – und auch mich.

Über tredition

Eigenes Buch veröffentlichen

tredition wurde 2006 in Hamburg gegründet und hat seither mehrere tausend Buchtitel veröffentlicht. Autoren veröffentlichen in wenigen leichten Schritten gedruckte Bücher, e-Books und audio-Books. tredition hat das Ziel, die beste und fairste Veröffentlichungsmöglichkeit für Autoren zu bieten.

tredition wurde mit der Erkenntnis gegründet, dass nur etwa jedes 200. bei Verlagen eingereichte Manuskript veröffentlicht wird. Dabei hat jedes Buch seinen Markt, also seine Leser. tredition sorgt dafür, dass für jedes Buch die Leserschaft auch erreicht wird.

Im einzigartigen Literatur-Netzwerk von tredition bieten zahlreiche Literatur-Partner (das sind Lektoren, Übersetzer, Hörbuchsprecher und Illustratoren) ihre Dienstleistung an, um Manuskripte zu verbessern oder die Vielfalt zu erhöhen. Autoren vereinbaren direkt mit den Literatur-Partnern die Konditionen ihrer Zusammenarbeit und partizipieren gemeinsam am Erfolg des Buches.

Das gesamte Verlagsprogramm von tredition ist bei allen stationären Buchhandlungen und Online-Buchhändlern wie z. B. Amazon erhältlich. e-Books stehen bei den führenden Online-Portalen (z. B. iBookstore von Apple oder Kindle von Amazon) zum Verkauf.

Einfach leicht ein Buch veröffentlichen: **www.tredition.de**

Eigene Buchreihe oder eigenen Verlag gründen

Seit 2009 bietet tredition sein Verlagskonzept auch als sogenanntes "White-Label" an. Das bedeutet, dass andere Unternehmen, Institutionen und Personen risikofrei und unkompliziert selbst zum Herausgeber von Büchern und Buchreihen unter eigener Marke werden können. tredition übernimmt dabei das komplette Herstellungs- und Distributionsrisiko.

Zahlreiche Zeitschriften-, Zeitungs- und Buchverlage, Universitäten, Forschungseinrichtungen u.v.m. nutzen diese Dienstleistung von tredition, um unter eigener Marke ohne Risiko Bücher zu verlegen.

Alle Informationen im Internet: **www.tredition.de/fuer-verlage**

tredition wurde mit mehreren Innovationspreisen ausgezeichnet, u. a. mit dem Webfuture Award und dem Innovationspreis der Buch Digitale.

tredition ist Mitglied im Börsenverein des Deutschen Buchhandels.

Dieses Werk elektronisch lesen

Dieses Werk ist Teil der Gutenberg-DE Edition DVD. Diese enthält das komplette Archiv des Projekt Gutenberg-DE. Die DVD ist im Internet erhältlich auf **http://gutenbergshop.abc.de**